AF362768

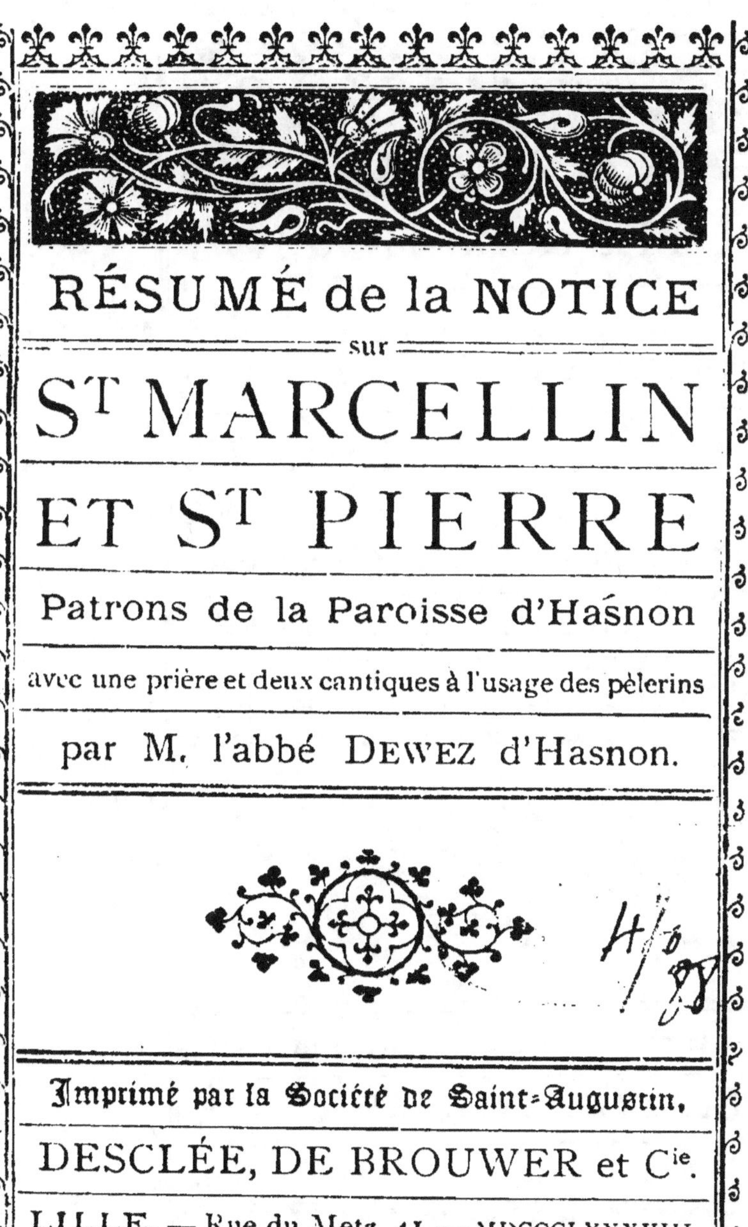

RÉSUMÉ de la NOTICE

sur

St MARCELLIN

ET St PIERRE

Patrons de la Paroisse d'Hasnon

avec une prière et deux cantiques à l'usage des pèlerins

par M. l'abbé DEWEZ d'Hasnon.

Imprimé par la Société de Saint-Augustin,

DESCLÉE, DE BROUWER et Cie.

LILLE. — Rue du Metz, 41. — MDCCCLXXXVIII.

RÉSUMÉ de la NOTICE

sur

St MARCELLIN

ET St PIERRE

Patrons de la Paroisse d'Hasnon

avec une prière et deux cantiques à l'usage des pèlerins

par M. l'abbé DEWEZ d'Hasnon.

Imprimé par la Société de Saint-Augustin,

DESCLÉE, DE BROUWER et Cie.

LILLE. — Rue du Metz, 41. — MDCCCLXXXVIII.

La notice dont ces pages sont le court résumé, a reçu de l'autorité diocésaine l'approtion suivante :

Cambrai, 20 octobre 1888.

Monsieur l'aumônier,

JE viens de parcourir voire savante et pieuse notice sur les saints martyrs Pierre et Marcellin.

L'insigne honneur qui rejaillit sur le diocèse de Cambrai, de voir un des prélats qu'il a donnés à l'Église, Cardinal du titre de ces Saints, l'érection récente à Hasnon d'un nouvel autel aux saints patrons, ajoutent un intérêt de circonstance à l'intérêt de ces pages.

Elles auront pour résultat particulier de raviver la dévotion des habitants d'Hasnon aux Saints dont le patronage leur est si précieux.

C'est le succès que je souhaite à votre œuvre, et je demande au Cœur adorable de Jésus de vous accorder en récompense ses plus abondantes bénédictions.

Veuillez agréer, Monsieur l'aumônier, l'assurance de mon respectueux dévouement en Notre Seigneur Jésus-Christ.

J.-B. Carlier,
V.-C.

Imprimatur : { J.-B. Carlier.
Cambrai, 20 octobre 1888.

LEUR MARTYRE.

P IERRE était romain. Engagé dans les Ordres mineurs, il remplissait d'une manière exemplaire les fonctions d'*exorciste*, quand la persécution de Dioclétien se mit à souffler avec une fureur extrême. Dioclétien se promettait bien qu'un effort énergique de sa part aurait définitivement raison de la religion chrétienne. Escomptant à l'avance sa victoire, il faisait frapper et circuler des médailles portant l'exergue « *christiano nomine deleto* »: en mémoire de l'abolition du nom chrétien. Il mettait sa confiance dans le glaive. Mais le glaive envoyait des martyrs au ciel et multipliait les chrétiens sur la terre. Le système d'hypocrisie et d'astuce employé depuis n'a pas mieux réussi à faire mentir cette promesse de N.-S. J.-C. : « Ils ne prévaudront pas. »

Pierre fut dénoncé, interrogé, incarcéré. Il confessa hardiment sa foi. Sérénus, le juge, le mit sous la bonne garde d'Artémise, alors Préfet des prisons. Celui-ci était alors profondément attristé d'une double maladie que portait sa fille Pauline, qu'il aimait extraordinairement. Par une inspiration de DIEU, Pierre promit à ce père désolé la guérison de sa fille s'il voulait embrasser la foi chrétienne. Le premier mouvement d'Artémise fut de se moquer d'une pareille proposition ; puis, pour se tirer d'affaire, il mit en avant une condition qu'il croyait tout-à-fait irréalisable. « Je consentirai à ce que vous me proposez, dit-il, si vous parvenez à rompre vos fers et à sortir de la prison, quand j'en aurai fermé les portes et aposté les gardiens.» Il se retira ayant eu soin de s'assurer des serrures et de doubler les gardes.

Que peuvent ces précautions contre la puissance divine, quand DIEU veut la communiquer aux hommes pour sa gloire ? Voici qu'à l'heure où commençaient à briller les premières étoiles au firmament, Pierre, délivré miraculeusement de ses chaînes, franchit les portes, élude les gardiens et *apparaît* dans l'appartement du chef de la prison. Il prononce un court exorcisme sur la malade et la déclare guérie de sa double maladie.

Artémise stupéfait en croit à peine ses yeux. Néanmoins les deux miracles d'évasion et de guérison instantanée étaient indubitables. Il se convertit, lui, sa femme Candide et sa le. Ce n'est pas tout, ce grand événement ayant eu beaucoup de retentissement, un nombre considérable de païens tant de la prison que du dehors, évalué à trois cents, demanda le baptême.

Pour conférer ce sacrement à une telle multitude, *Pierre* manda MARCELLIN, avec qui il était lié et qui était prêtre.

Pendant que ces choses avaient lieu, le juge Sérénus était malade. Mais lorsque, revenu à la santé, il fut informé de ce qui s'était passe à la prison, et allait si manifestement contre ses desseins et les ordres de l'Empereur, il fut d'une irritation extrême. Il fit châtier Artémise à coups de fouets plombés, puis jeter dans un cachot. Pierre et Marcellin furent aussi enfermés dans des cachots séparés, après avoir été inhumainement frappés. La prison de celui-ci était fétide, sans lumière, sans eau, et semée de fragments de verre.

Mais DIEU, qui n'abandonne jamais ses Saints, leur envoya son ange, qui rompit leurs chaînes et les délivra. Alors ils *apparurent* inopinément dans une assemblée de fidèles dont ils fortifièrent la foi, en leur annonçant toutefois qu'ils donneraient dans sept jours leur vie en témoignage de la vérité chrétienne.

Cette délivrance ne fit qu'augmenter la fureur du juge, qui prononça la peine de mort contre Artémise, sa femme et sa fille, et contre les deux athlètes chrétiens On expédia sur la voie Aurélienne le geôlier et sa famille, qui périrent de différents supplices.

Pierre et Marcellin furent dirigés vers une *forêt noire*, avec ordre de les décapiter, et de soustraire leurs cadavres à leurs coréligionnaires.

Là ils furent martyrisés le 2 juin 302.

LEURS RELIQUES.

PAR des circonstances providentielles, leurs corps, recueillis par deux Dames romaines, Lucille et Firmine, furent déposés dans la catacombe de Saint-Tiburce sur la voie Lavicane. C'était en 302 de l'ère chrétienne.

En 827 des envoyés d'Éginhard, ancien chancelier de Charlemagne, qui s'était fait moine, levèrent ces corps et les transportèrent en Allemagne.

A Mulinheim, lieu du monastère bâti par Éginhard, il se produisit tant de miracles, que la ville s'appela depuis *Seligenstad* (ville des Bienheureux). La notoriété des prodiges fit désirer de tous côtés la possession de reliques si précieuses. Les religieux bénédictins de Gand en obtinrent une notable quantité ; et ils en firent part à leurs confrères d'Hasnon, probablement à l'époque où ce lieu fut érigé en paroisse. C'est ainsi qu'Hasnon reçut saint

Pierre et saint Marcelin pour patrons. Les pierres d'autel de cette église paroissiale continrent de leurs reliques ; mais les reliques *insignes* demeurèrent à l'église abbatiale, quoique placée sous le vocable des apôtres saint Pierre et saint Paul.

L'espérance de la protection de ces saints patrons ne fut pas trompée. Dans un temps où le village et son abbaye étaient le plus éprouvés, en 1065, ils déterminèrent, par une apparition miraculeuse et une guérison inespérée, l'intervention puissante et généreuse de Baudoin VI, comte de Flandre, en faveur de l'abbaye. Mais il eut par-dessus tout soin d'offrir une splendide châsse en or et en argent aux restes sacrés des Saints à qui il devait tant de reconnaissance.

Cette châsse ou fierte dura jusqu'en 1566, où elle fut détruite et volée par les *Gueux* ou Huguenots ; mais son contenu sacré put échapper à leur fureur. Un reliquaire la remplaça jusqu'en 1616, où une belle châsse en or et en argent, comme celle de Baudoin, fut donnée par l'abbé Léger Tison, en reconnaissance d'une guérison obtenue par les suffrages de ces patrons.

La richesse de cet objet d'art tente encore une fois la cupidité des méchants. En 1792, elle devint la proie des révolutionnaires ; mais, cette fois encore, on a pu sauver les reliques qui furent portées, par trois religieux et déposées à Tournai.

Après la tourmente révolutionnaire, et lorsqu'il n'y eut plus d'espoir de voir les Ordres religieux se reconstituer, les reliques furent rendues à la *paroisse* d'Hasnon dans la personne de M. Duroisin, curé. Les formalités de la *reconnaissance* authentique par l'Ordinaire ayant été remplies en 1843, la translation solennelle des reliques eut lieu en 1844, sous M. Hédon, curé.

Cependant, vu le manque de ressources nécessaires, on avait été obligé de se contenter d'un reliquaire insuffisant à tous les points de vue.

Un don considérable de M. le vicaire Debruile permit d'en faire un plus digne de sa destination et qui est définitif.

De plus, un nouvel autel, en rapport avec le reliquaire, put être acquis, grâce à un don de Mgr Desprez, cardinal archevêque de Toulouse, et à la générosité d'un certain nombre de paroissiens.

Devant cet autel, ce reliquaire, ces reliques, les fidèles non seulement de la paroisse, mais du dehors et même de loin, viendront, comme dans les temps anciens, demander, par l'intercession de nos patrons, les grâces spirituelles et temporelles dont ils ont besoin.

PRIÈRE

Saint Pierre et saint Marcellin, qui avez été donnés pour patrons à la paroisse d'Hasnon, par la présence de vos restes sacrés dans cette église de la terre, que vos âmes, puissantes devant Dieu, daignent du ciel s'incliner vers nous.

Vous avez préféré la vertu, la Vérité, Dieu, à toutes les choses de la terre, à vos biens, à votre repos, à votre liberté, à votre bien-être, à votre vie. Obtenez-nous la grâce de juger des choses au même point de vue, et de nous bien pénétrer comme vous de cette maxime de l'Evangile : « *Que rien ne peut être mis en parallèle avec le salut de l'âme,* » et de cette autre : « *Qu'il ne faut pas craindre ceux qui n'ont de pouvoir que sur le corps, mais seulement le Dieu de Justice qui peut condamner le corps et l'âme à la réprobation éternelle.* »

Votre courage a égalé votre foi, puisque vous êtes restés fermes, inébranlables, malgré la prison, les tourments et la mort. Obtenez-nous au moins le courage de résister aux séductions, au respect humain et à l'entraînement des exemples mauvais.

O saints Patrons, faites profiter vos clients et ceux qui vous invoquent de la mission que vous semblez avoir reçue et que vous avez maintes fois remplie sur la terre.

Si, comme le Préfet des prisons, nous

sommes circonvenus par l'erreur qui éloigne de DIEU, *visitez-nous;* dissipez par un signe de votre puissance l'erreur qui nous perd.

Si, comme la fille d'Artémise, nous sommes agités par des esprits mauvais qui nous poussent au mal, *visitez-nous ;* délivrez-nous de leurs obsessions. Si, comme la même, nous souffrons de maladie ou d'infirmités corporelles, *visitez-nous;* obtenez notre guérison.

Si, intimidés, ébranlés par les sophismes, les périls, peut-être les scandales, nous chancelons dans la voie chrétienne, *visitez-nous ;* raffermissez notre foi et notre courage. Faites apparaître à nos yeux, s'il le faut, la vision de la récompense, dont vous avez frappé les regards de Dorothée, votre bourreau, et qui eut la puissance de l'arracher à la vie païenne.

Au onzième siècle vous avez pris en pitié cette paroisse, qui, par suite des événements politiques, était tombée en décadence, était déchue de sa foi et de sa ferveur, C'est alors que vous lui avez miraculeusement suscité un sauveur dans la personne de Baudoin. Grâce à ce secours, votre cliente s'est relevée de son abjection. Une ère nouvelle, ère de liberté, de foi et d'œuvres puissantes, s'est levée sur elle. Ne semble-t-il pas que nous soyons retombés dans ce misérable état d'où vous aviez retiré autrefois l'église d'Hasnon ? Ne s'appliquent-ils pas encore à elle ces deux mots par lesquels l'historien Balderic la dépeignait, « *nunc inopem et desolatam,* maintenant pauvre et désolée ? » D'elle, comme de Jérusalem au temps de ses malheurs, on peut dire que « les voies de Sion pleurent du peu de monde qui se rend au temple au jour de ses solennités. » O vous, défenseurs et protecteurs de cette Sion, ayez encore une fois pitié de ses maux. Délivrez-la de la tyrannie qui l'opprime : ce n'est plus la tyrannie d'un homme, mais la tyrannie de l'erreur régnante, d'une doctrine antichrétienne. *Visitez-nous,* ménagez-nous la délivrance.

Aux honneurs nouveaux que nous vous rendons, vous voudrez répondre par un surcroît d'assistance. Ainsi soit-il.

Air : *Dieu de clémence.*

Bienheureux Pierre
Et Marcellin,
Soyez notre lumière   )
Et tendez-nous la main.) *bis.*

I

Dans les périls d'une lutte sanglante,
Vous avez su confesser votre foi,
En méprisant la force menaçante
Et de l'erreur et d'une injuste loi.

2

Devant vos yeux la loi brandit le glaive,
Devant vos pas, elle ouvre les prisons ;
Autour de vous la populace élève
Et ses clameurs et ses dérisions.

3

Mais aux conseils d'une fausse prudence,
Vous préférez l'oracle du Sauveur,
Offrant du ciel la sainte récompense
A qui méprise un monde corrupteur.

4

En abattant vos têtes vénérables,
Le païen crut qu'il était le vainqueur ;
Mais les chrétiens naquirent innombrables
Du sang versé pour l'amour du Seigneur.

5

Du haut du Ciel votre puissante égide
A secouru ce village éprouvé,
Lorsqu'asservi par un tyran cupide,
D'un joug cruel vous seuls l'avez sauvé.

6

Comme autrefois, à vos saintes reliques
Nous apportons le tribut de nos cœurs ;
Nous élevons la voix de nos cantiques,
A votre autel nous rendons ses splendeurs.

7

Protégez-nous ; que par votre prière
Nous préférions au monde le Seigneur ;
Les yeux au Ciel, sachons crier «Arrière!»
A qui nous veut enlever le bonheur.

8

Si l'accident ou bien la maladie
Étend sur nous son voile ténébreux,
Ah ! dans nos cœurs faites rentrer la vie
En écartant un destin malheureux.

9

Au jour amer où la mortelle étreinte
Nous jettera près du Juge éternel,
O saints patrons, que dans ce jour de
[crainte
Nos âmes soient par vous portées au Ciel.

2e CANTIQUE.

Air : *Ave, Ave, Maria.*

REFRAIN.

O saints patrons,
Nous vous honorons,
O saints patrons,
Nous vous implorons.

1.

Un souffle qui passe
Pousse vers ce lieu :
Ce souffle est la grâce
Qui nous vient de DIEU.

2.

Pleins de confiance,
Pieux pèlerins,
Vers votre puissance
Nous levons les mains.

3.

L'enfer en furie
Veut perdre nos cœurs ;
Gardez notre vie,
Rendez-nous vainqueurs.

4.

Des pièges du monde
Sauvez vos enfants.
De l'esprit immonde
Qu'ils soient triomphants.

5.

Le plaisir énerve
Qui veut en jouir.
Votre exemple serve
A nous aguerrir !

6.

Si le Seigneur lève
Son bras contre nous,
Détournez le glaive
Du divin courroux.

7.

Que de pauvres mères
Répandent des pleurs ;
Otez leurs misères,
Calmez leurs douleurs.

8.

Quand pour sa patrie
Lutte le soldat,
Protégez sa vie
Au fort du combat.

9.

Par votre entremise
Sachons nous servir
De votre devise :
Bien vivre et mourir.